COLECCIÓN POPULAR

594

**La izquierda explicada a mis hijas**

**Serie Breves**
dirigida por
ENRIQUE TANDETER

Traducción de
CRISTINA SARDOY

Henri Weber

# La izquierda
# explicada a mis hijas

Fondo de Cultura Económica

México - Argentina - Brasil - Chile - Colombia - España
Estados Unidos de América - Perú - Venezuela

Primera edición en francés, 2000
Primera edición en español, 2001

© Seuil, 2000
ISBN de la edición original: 2-02-039637-8

D. R. © 2000, Fondo de Cultura Económica, S. A.
El Salvador 5665; 1414 Buenos Aires
*e-mail fondo@fce.com.ar*
Av. Picacho Ajusco 227; 14200 México D. F.

ISBN: 950-557-402-9

Fotocopiar libros está penado por la ley. Prohibida su reproducción total o parcial por cualquier medio de impresión o digital en forma idéntica, extractada o modificada, en castellano o en cualquier otro idioma, sin autorización expresa de la editorial.

Hecho el depósito que marca la ley 11.723
Impreso en la Argentina - *Printed in Argentina*

Son dos, más bien lindas, pero, ¿un padre puede pretender ser objetivo en ese punto?

Clémence, la mayor, 15 años, está en segunda; Inès, la menor, 13 años, en 4ᵉ. No leen mucho, pero aparentemente, más que la mayoría de sus compañeras de clase. Saben todo en materia de televisión, son imbatibles en los juegos de video, grandes consumidoras de CD-Roms. Son "fans" de Lourin Hill y Bob Marley pero, gracias a una exposición sutil en los viajes de vacaciones en auto, también de Georges Brassens, Barbara y Charles Trénet.

El otro día, mientras íbamos tranquilamente por la autopista A13 rumbo a Dieppe, me preguntaron:

—Papá, ¿por qué somos de izquierda? ¿Por qué tía Sophie es de derecha? ¿Por qué no eres de centro? ¿Qué significa ser de izquierda o de derecha? Se lo preguntamos a Mathias –Mathias es su hermano mayor, estudiante cuando tiene ganas–, nos respondió que la izquierda es el lugar del corazón y la derecha de la billetera. Según él, son de izquierda los que tienen el corazón en la mano, los que defienden a los pobres. Y son de derecha los que dicen: "¡Cada uno para sí mismo y Dios para todos!"

—Les tomó el pelo –les respondí–. Hay gente de derecha muy generosa y gente de izquierda absolutamente egoísta. Es un poco más complicado.

—Entonces, explícanoslo tú: ¿por qué dicen que alguien es de izquierda o de derecha? ¿Qué significa ser de izquierda?

—¡Oh, bueno! –refunfuñé–, ¿no prefieren que les explique mejor cómo nacen los chicos?

—No, gracias, eso ya lo sabemos –me respondieron a coro–. ¿No pensarás zafar?

Estábamos a la altura de Mantes-la-Jolie. Una hora y media de ruta nos separaba de la costa de Alta Normandía. De todos modos, supuse que no podría retener su atención durante mucho tiempo sobre un tema tan árido.

# 1. Trabajos preliminares

—Es una cuestión bastante compleja –les dije–, y no pretendo darles una respuesta imparcial. Lo mejor sería, tal vez, empezar por el principio. ¿Saben cuándo se utilizaron por primera vez esos dos términos –derecha e izquierda– para designar opiniones políticas opuestas?
(Un silencio elocuente recibió la pregunta.)
Fue hace dos siglos, en el momento de la Revolución francesa –continué–. Los representantes de la Nación, los diputados, estaban reunidos en Asamblea constituyente, como les enseñaron en el colegio, ¿se acuerdan? Entre esos diputados, había algunos que estaban a favor de hacer la Revolución, de instaurar la democracia. Otros, en cambio, querían conservar el Antiguo Régimen, detener los desórdenes, mantener la monarquía, aunque reformándola un poco.
El 28 de agosto de 1789, los diputados fueron llamados a pronunciarse sobre una cuestión muy importante. Había que definir los poderes del rey: ¿debían reconocerle el derecho de oponerse a las decisiones de la Asamblea Nacional –el derecho de veto– o debían negárselo? En el momento de la votación, los partidarios del rey se agru-

paron "a la derecha" de la tribuna, donde ocupaba su lugar el presidente de la Asamblea; sus adversarios se agruparon "a la izquierda". En esa época, para votar, se ponían de pie o se quedaban sentados. Para contar los votos, era más cómodo agruparse así de un lado u otro del hemiciclo. Además, como ya se insultaban mucho, también era más prudente unirse a los que compartían la misma opinión.

Más adelante, durante todo el siglo XIX, los que estaban a favor de seguir la obra de la Revolución francesa, ampliar y profundizar la democracia, afirmar la república, ocuparon los escaños del lado izquierdo de la Asamblea; los que estaban a favor de defender el orden social, la tradición, la autoridad, ocuparon los escaños de la derecha.

Ese es el origen de los dos términos. ¿Lo sabían?

*Las dos: No...*

—La oposición entre izquierda y derecha es por lo tanto una invención francesa, que se generalizó en todos los países.

—*¿En todos, de veras? –pregunta Clémence.*

—En todos. En todas partes hay una izquierda y una derecha que se oponen en cuanto a la naturaleza y la importancia de los cambios que conviene realizar en la sociedad.

Ya tienen, entonces, una primera definición de la izquierda y la derecha, vinculada con el origen histórico de estas dos expresiones, por el cual la izquierda es el "partido del movimiento", del cambio, y la derecha es el "partido del orden", de la conservación, o, por lo menos, del cambio mínimo... los que piensan que es mejor mantener las cosas como están, aunque modificándolas un poco, en la superficie.

*Clémence: Entonces, te estás burlando de nosotras igual que Mathias. Por suerte nos avisaste que tenías, quizás, un prejuicio. ¿La derecha no está también a favor del cambio, a su modo?*

—Sí, sí, por eso esa primera definición, que resultó satisfactoria durante todo el siglo XIX y buena parte del XX, ya no lo es. La expuse simplemente para hacerles conocer el origen histórico de la apelación izquierda y derecha. En dos siglos, la izquierda y la derecha evolucionaron mucho. Hoy, el mundo avanza muy rápido, todas nuestras sociedades viven un cambio acelerado. El partido del orden no puede seguir siendo el partido de la inmovilidad, todos los partidos deben ser "partidos de movimiento". El conflicto izquierda/derecha ya no opone tanto al partido del orden, custodio de la tradición, al partido del movimiento, paladín del progreso: opone diferentes concepciones del cambio: movimiento, perfecto, ¿pero hacia qué?

*Inès: Ahora sí... ¡No tenías necesidad de remontarte hasta Luis XVI!*

—Era un primer acercamiento al tema. Resulta útil conocer el origen de las palabras, siempre algo queda, y en general más de lo que uno cree.

De esa zambullida en la Historia ya podemos, por ejemplo, sacar tres enseñanzas:

Primero, hay una división entre izquierda y derecha porque la sociedad sufre desacuerdos, conflictos; llega a verse desgarrada incluso por un conflicto central, o sea un conflicto más importante que todos los demás: en 1789, y durante todo el siglo XIX, ese conflicto central fue la cuestión del régimen político en Francia: ¿monarquia o república? ¿Antiguo Régimen o modernidad? ¿Restauración o Revolución? A partir de 1848, se agregó el problema social...

*Clémence: Sí, el problema de la miseria de los obreros, que no tenían ningún derecho...*

—... y el de la propiedad privada. Segundo, ese conflicto opone a grupos que tienen formas de ver diferentes pero también intereses divergentes: del lado de los partidarios del Antiguo Régimen, y después de la Restauración, encontramos más bien a los que tienen: los grandes propietarios inmobiliarios de la nobleza y el clero, los terratenientes ricos, los grandes industriales y comerciantes...; del lado de la República, encontramos más bien al pueblo humilde de las ciudades, a los artesanos, los obreros, los dueños de empresas pequeñas, los abogados y también a muchos campesinos pobres...

Por último, esa vuelta al acto fundador de la oposición izquierda/derecha –la votación del 28 de agosto de 1789– nos enseña una tercera cosa: hay oposición entre dos bandos –que llamamos izquierda y derecha, pero que podrían haberse llamado de cualquier otra forma: blancos y rojos, por ejemplo– también por una razón puramente técnica, que denominamos el "hecho mayoritario".

*Inès: El hecho mayoritario, ¿es el hecho que se decide por mayoría? Los que más votos tienen son los que ganan...*

—Sí. En democracia, se decide votando. Cuando hay varias propuestas, la que obtiene más votos –lo que se denomina la mayoría– gana. Por eso, si se quiere hacer votar una ley –por ejemplo, en nuestro caso, el derecho del rey a oponerse a las decisiones adoptadas por la Asamblea nacional, el derecho de veto–, es necesario constituir una mayoría favorable a esa ley. Al contrario, si no se quiere que esa ley sea aprobada, hay que reunir una mayoría contraria. Esa es una tercera razón que explica que las asambleas políticas tiendan siempre a dividirse en dos: una mayoría y una oposición.

*Inès: Eso no me queda muy claro...*

## *Dos actitudes frente a la sociedad*

—¡Muchas gracias por el aliento, Inès! Me hicieron una pregunta complicada. Les responderé procediendo por etapas, por profundizaciones sucesivas. La respuesta habitual –la izquierda es el partido del movimiento, la derecha es el partido del orden– no nos conviene porque ustedes ven que la derecha también propone reformas y que esa oposición no dice nada sobre el contenido, el sentido de los cambios que proponen la izquierda y la derecha. Retomaré la cuestión desde otro ángulo.

*Inès: Sí, es mejor...*

—La izquierda, es ante todo una actitud frente a la sociedad. Todos vivimos en sociedades: nosotros vivimos en la sociedad francesa, una de las más ricas y civilizadas del mundo. Estas sociedades distan de ser perfectas, muchas son incluso espantosas: en la televisión ven lo que pasa en muchos países, en África, en América Latina, en Asia, en Europa del Este... Pero, aun en Francia, todavía hay 2 millones de personas que no tienen trabajo –los desocupados–; hay incluso 300.000 que no tienen techo –los SDF, sin domicilio fijo–; hay muchos que hacen un trabajo muy duro y aburrido por un salario muy bajo y otros que ganan muy bien, incluso fortunas, en algunos casos. Hay asalariados que son despedidos de la noche a la mañana después de veinte o treinta años de buenos y leales servicios. En Oftranville, cerca de Dieppe, adonde vamos, la fábrica Tecnoffra va a cerrar y 300 obreros perderán su empleo, con una indemnización de 50.000 francos para los de mayor antigüedad, cuando hay grandes ejecutivos que se van con 160 millones de francos de indemnizaciones. Hay 200.000 personas muy ricas,

6 millones de pobres y en el medio 21 millones de familias.

Hay chicos como ustedes, que viven en barrios agradables, con buenos colegios y poca violencia, y otros que viven en complejos barriales, lejos de todo, donde reina la ley del más fuerte. Hay gente que tiene la piel negra o con un "tipo mediterráneo" y que es víctima del racismo...

*Inès: Hay algunos que son homosexuales y los tratan de maricas o trolas sucias...*

—¡Vaya, qué vocabulario! En síntesis, me entendieron. La sociedad, incluso la nuestra, no sólo es muy diversa, también es profundamente injusta. Se dan en ella muchas desigualdades, cosas absurdas y violencia. Entonces, frente a esa situación, existen varias actitudes posibles:

Se puede pensar, de todos modos, que siempre fue así: siempre hubo y habrá ricos y pobres, poderosos y miserables, sabios e ignorantes, bellos y feos, fuertes y débiles, valientes y perezosos, vivos e imbéciles... Las cosas son así y no podemos hacer nada, excepto ser caritativos con los desdichados. Hay quienes piensan incluso que Dios lo quiso así, o que cada uno tiene, en definitiva, lo que se merece. Es una actitud posible, una actitud de aceptación, satisfecha o resignada, de la sociedad tal cual es.

*Clémence: Los que piensan así deben de ser una pequeña minoría...*

—¡Oh no! Es un punto de vista mucho más difundido de lo que crees. Pero también hay otra actitud posible, que consiste en decir que no es normal o fatal que las cosas sean así, y que hay que tratar de organizar la sociedad de otra forma: organizarla de manera que sea más justa, más fraternal y más humana.

Esta segunda actitud, es más bien la de la izquierda; y la primera más bien de la derecha. Les propongo, entonces, una nueva definición con más precisión de la primera: la izquierda, son los que rechazan –más o menos radicalmente, ya volveré sobre eso– la sociedad tal como es hoy y se proponen cambiarla para que haya más igualdad, justicia social y solidaridad entre las personas. La derecha, son los que aceptan en general la sociedad como es porque "la perfección no es de este mundo", que "lo mejor es enemigo de lo bueno", que "uno sabe lo que tiene e ignora lo que tendrá…"

*Clémence: Pero acabas de decirnos que la derecha hoy también está a favor del cambio…*

—Los cambios que propone no apuntan a reducir las desigualdades, la injusticia social, el "cada uno para sí mismo" ¡al contrario!

*Inès: Pues yo soy de izquierda, pero al oírte, creo que la derecha es la que tiene razón. Es verdad que siempre habrá ricos y pobres, vivos e imbéciles, desigualdades. Con sólo mirar a nuestro alrededor, en el colegio o en nuestra familia…*

—Seguro, pero uno puede tratar de compensar o reducir esas desigualdades, o uno puede acomodarse a ellas o incluso alegrarse de que existan y querer aumentarlas. Es ahí donde se ubica la diferencia entre la izquierda y la derecha.

*Inès: ¿Cómo es eso?*

## *Tres izquierdas, tres derechas*

—Te lo explicaré. Pero antes de eso, me gustaría terminar lo que empecé a decirles.

La izquierda y la derecha, son ante todo dos percepciones distintas de la sociedad, y actitudes diferentes respecto de ella.

Pero la izquierda y la derecha son a su vez múltiples. Hay varias maneras de ser de izquierda, varias maneras de ser de derecha. No hay solamente dos actitudes posibles frente a la sociedad, hay por lo menos seis: tres de izquierda y tres de derecha. Es así como a la izquierda de la izquierda está la *extrema izquierda*.

*Inès: ¿Son los comunistas?*

—Los comunistas y, sobre todo, ahora, los trotskistas: Arlette Laguiller y mi viejo camarada Alain Krivine, los dos diputados europeos en este momento.

La extrema izquierda tiene una idea muy sombría de nuestra sociedad. Considera que esta sociedad es tan mala que no podemos esperar reformarla y que, por el contrario, hay que destruirla para reemplazarla por una sociedad nueva, totalmente distinta. Por eso la extrema izquierda se dice "comunista y revolucionaria". Los trotskistas hacen mucho ruido, pero están divididos y no tienen mucha influencia. De todos modos, en estas últimas elecciones, obtuvieron 5% de los votos.

Al lado de esta extrema izquierda, está el grueso de la tropa, la *izquierda reformista*, lo que se denomina en Europa la socialdemocracia. En Francia, son sobre todo los socialistas –Lionel Jospin, nuestro Primer ministro, Laurent Fabius, Martine Aubry, Élissabeth Guigou, François Hollande...–pero también ahora los comunistas, como Robert Hue...–

*Inès: ¿El gordo barbudo?*

—Exactamente, y los Verdes: Daniel Cohn-Bendit y Dominique Voynet. Es la "izquierda plural"...

*Clémence: Cohn-Bendit, ¿no es el que cuando tú eras joven hizo la revolución?*

—Sí, ahora reflexionó, igual que yo, ya no está a favor de la revolución, está a favor de las reformas.

*Inès: ¿Qué son exactamente reformas?*

—Son cambios que no alteran totalmente la sociedad, que no la ponen patas para arriba, sino que se esfuerzan en mejorarla poco a poco, sector por sector: por ejemplo, la obligación de presentar un 50% de mujeres en las elecciones para las intendencias, es una reforma.

*Inès: ¿Y aliviar nuestro programa en el colegio?*

—También. Es la reforma de los programas escolares. Es más modesta que la que yo mencioné, pero igualmente necesaria...

*Clémence: Si te interrumpe todo el tiempo, vamos a hacernos lío.*

*Inès: Sí, pero si él habla todo el tiempo, ¡nos quedaremos dormidas!*

—Tienen razón las dos, encontraremos un justo medio. Vuelvo a donde estábamos:

La izquierda reformista no comparte la visión muy negativa que tiene la extrema izquierda de la sociedad. Piensa que en nuestro país hay muchas cosas buenas en comparación con lo que pasa en otras partes y en comparación con lo que pasaba, aquí mismo, no hace mucho tiempo. Francia es un país rico, libre, muy civilizado, donde se vive bien.

Pero también hay muchas cosas que no andan bien. Hay muchas injusticias, desigualdades, desdichas que podrían evitarse, sobre todo en un país que no deja de progresar y enriquecerse. En este momento incluso, estamos ante una verdadera explosión de desigualdades en Francia y en el mundo, lo que es francamente escandaloso.

La izquierda reformista piensa que la sociedad tiene cosas buenas y cosas malas y que hay que aumentar lo que está bien y reducir lo que está mal y eso se puede hacer mediante reformas, con decisión e inteligencia.

*Clémence: Pero, entonces, ¿por qué hay comunistas, Verdes, socialistas que con frecuencia se pelean? ¿Por qué no están todos en el mismo partido y apoyan los mismos candidatos en las elecciones?*

—Porque unos y otros no están siempre de acuerdo sobre las reformas que deben hacerse. Por ejemplo, los Verdes quieren que renunciemos a las centrales nucleares para producir electricidad. Los comunistas, por su parte, no quieren ni oír hablar de eso y los socialistas tampoco están de acuerdo. Pero todas las familias de la "izquierda plural" piensan que hay que cambiar profundamente la sociedad y hacerlo pacíficamente, a través de la discusión, las elecciones, las leyes, la reforma –lo que se llama la democracia–.

Además de la extrema izquierda y de la izquierda reformista, también puede distinguirse una *izquierda moderada* o "centro izquierda". En Francia, está representada por el Partido radical de Jean-Michel Baylet y tiene dos ministros en nuestro gobierno: Roger-Gérard Schwarzenberg y François Huwart...

*Inès: ¡Nunca los oí nombrar!*

—Será que no te interesas lo suficiente en la política de tu país.

Esta centro izquierda también está a favor de las reformas, pero reformas muy moderadas. No es muy fuerte en nuestro país, pero puede tener mucha influencia en otra parte, en los países vecinos.

Por lo tanto, la izquierda es muy diversa, hay toda una gradación. Lo que explica esa diversidad es la imagen, más o menos negativa, que la gente tiene de la sociedad, y la importancia de los cambios que se quieren realizar.

*Inès: ¿Y hay también tres derechas?*

—Sí, por lo menos. En realidad, hay cuatro incluso.

A la derecha de la derecha, está la *extrema derecha* racista, algunos dicen fascista, incluso, y no están errados...

*Inès: ¿Son Le Pen y Mégret?*

—Exacto. La extrema derecha también tiene una idea muy negra de nuestra sociedad. Para ella, Francia está en absoluta decadencia e incluso en estado de descomposición. Todo va de mal en peor: los inmigrantes invaden nuestras ciudades, los "apátridas" corrompen a nuestras elites: el futuro que nos espera es el enfrentamiento entre los grupos étnicos –árabes, africanos, asiáticos, por ejemplo–, como en Yugoslavia.

Esta extrema derecha reunió hasta 15 % de los votos en nuestro país, más del 25 % en algunas regiones. Hoy está debilitada por la guerra entre Le Pen y Mégret y la fragmentación del Frente nacional. Pero no debemos olvidar que representó, hasta hace poco, casi un tercio de la derecha y que sus ideas siguen conservando toda su influencia.

Al lado de la extrema derecha, está la *derecha reaccionaria*, que vive con la nostalgia del pasado, cuando las ciudades eran más chicas, cuando había más campesinos, se iba más a la iglesia, se obedecía más a los profesores, cuando los chicos eran más respetuosos, cuando Francia se hacía oír más en el mundo...

*Inès: ¿Francia estuvo tan bien en algún momento?*

—Por supuesto que no, y los franceses se horrorizarían si tuvieran que revivir las condiciones de entonces. Pero la derecha reaccionaria –de Villiers y sus amigos– adorna mucho la situación. Está también la *derecha conservadora y liberal* de la que volveré a hablarles, que piensa en lo más profundo de sí misma que todo gran cambio aporta más inconvenientes que ventajas, sobre todo si proviene de una iniciativa del Estado; la *derecha nacionalista y autoritaria* –lo que queda de la familia gaullista en la que se educó el abuelo de ustedes; la *derecha democratacristiana*, o centro derecha...–

*Clémence: No te preguntamos qué es la derecha, o qué son las derechas, sino qué es la izquierda...*

—Tienes razón, pero es imposible definir una sin definir la otra. Lo que se llama "un par de oposición". Izquierda y derecha sirven para designar dos bandos de un conflicto. Como la sociedad está dividida por intereses, creencias, ideales divergentes y la política es conflictiva, se necesitan nociones de izquierda y derecha para designar a los adversarios presentes.

*Clémence: Ya entendimos. La izquierda y la derecha, son dos actitudes distintas ante la sociedad y el cambio. Los de izquierda tienen una opinión más crítica sobre la sociedad, están más a favor del cambio: los de derecha, por el contrario, están más contentos con la sociedad tal como es.*

*Pero lo único que hiciste es patear el problema: ¿cómo explicas entonces estas actitudes diferentes? ¿Por qué algunos son más críticos respecto de la sociedad y otros menos? ¿Por qué algunos son de izquierda y otros de derecha?*

## Privilegiados y desfavorecidos

—Existen varias razones. Algunos han hablado de una razón social: los que tienen una buena situación, una buena profesión, un buen sueldo, que tienen un patrimonio considerable...

*Inès: ¿Qué es un patrimonio?*

—Es el conjunto de los bienes que uno posee: un departamento, una quinta, acciones en la Bolsa que reportan dividendos... Los que no sufren desigualdades e injusticias, porque forman parte de las categorías acomodadas de la sociedad, en general se adaptan con mayor facilidad que otros –felizmente con muchas excepciones– al orden existente. Se inclinan más bien a la derecha.

En cambio, los que deben trabajar duro para "llegar a fin de mes"; los que apenas ganan para vivir decentemente y educar a sus hijos; los que tienen miedo de perder su empleo; los que deben soportar la autoridad, a veces penosa, de sus jefes; los que deben pasar mucho tiempo en los transportes colectivos o los embotellamientos después de la jornada de trabajo para volver a su domicilio; los que viven en el cinturón urbano desheredado; los que tienen la impresión de que nunca les piden opinión; los que tienen la sensación de que los sacrificios siempre se los piden a ellos...

*Inès: Basta, ya entendimos...*

*Clémence: Eso me recuerda un poema de Prévert: los que piadosamente, los que copiosamente...*

—... Esos tienen muchas razones para tener una imagen crítica de la sociedad y desear el cambio. Son mucho más sensibles a la injusticia, la violencia, lo absurdo del mundo –porque son sus víctimas–, y es más probable que quieran modificarlo.

*Clémence: No toda la gente no muy rica es de izquierda: los padres de Marie por ejemplo, que están empleados en Monoprix, votaron la derecha en las últimas elecciones. Los dos están a favor de Pasqua. Cada vez que voy a la casa, me toman el pelo por ti y los socialistas.*

—Entre los más desfavorecidos, muchos se resignan a lo que les parece una fatalidad. Algunos se hacen reproches a sí mismos y consideran, como les sugieren todo el tiempo, que ellos son responsables de sus dificultades: no se esforzaron lo suficiente en el colegio, nacieron menos inteligentes, solamente pensaban en divertirse, no hicieron cursos suplementarios... "¡El que quiere, puede!"

Hay muchos asalariados modestos que son de derecha, y bastante gente acomodada, altos ejecutivos, intelectuales, profesionales, que son de izquierda.

Pero, justamente, es entre los asalariados donde la izquierda encuentra más público y obtiene más apoyo. Y la derecha recluta sus grandes batallones entre los "trabajadores independientes", los empresarios, los comerciantes, los artesanos, los productores agrícolas o los que ejercen profesiones liberales.

Si miramos nuestra historia y la de Europa, vemos que los obreros y los empleados son más bien de izquierda. Ellos fueron los que dieron origen a los partidos de izquierda: los partidos socialistas y socialdemócratas, los partidos comunistas, los partidos ecologistas y los han apoyado constantemente... En otras partes del mundo, en América Latina, en Asia, en África, la situación social de la gente sigue siendo un factor muy importante de su posición política. "Son de izquierda los que defienden a los explotados y los oprimidos", decía el Che Guevara.

*Inès: ¿Ese del que habla la canción?*

—Sí. Pero Clémence tiene razón, si todos los desfavorecidos fueran de izquierda y si sólo los ricos y los privilegiados fueran de derecha, la izquierda ganaría todas las elecciones y estaría eternamente en el poder.

*Clémence: Entonces, ¿cuáles son las verdaderas razones que hacen que uno sea de izquierda o de derecha? ¡Si al menos dejaras de darle vueltas al asunto!*

## *Dos visiones del hombre y de la sociedad*

—Ya dije que respondería por etapas, como en el buceo: gradualmente. Ahora, voy al meollo de la cuestión. Pues la pregunta es realmente difícil. En primer lugar, porque es imposible responder siendo totalmente objetivo. Yo les doy la respuesta de un hombre de izquierda. Tendrán que oír la de un hombre de derecha para tener una idea clara. En segundo lugar, la pregunta es difícil porque por la diversidad de la izquierda y de la derecha siempre hay una familia de la izquierda o de la derecha que no entra completamente en la definición. Pero hay una unidad en esa diversidad.

*Inès: ¿Qué tal si ponemos un poco de música? Tengo un casete de las Spice Girls...*

—Olvida un poco a esas cinco locas y haz un pequeño esfuerzo.

En la base de la división entre la izquierda y la derecha, hay ante todo concepciones distintas del hombre y del mundo, y sistemas de valor distintos.

*Inès: No se entiende nada...*

—La izquierda tiene una idea más bien optimista del hombre. ¿Estudiaron a Jean-Jacques Rousseau?

*Inès: No...*

*Clémence: Yo sí...*

—Es un gran escritor y filósofo francés –debería decir franco-suizo, pues nació en Ginebra– que expresa bien la concepción que la izquierda tiene del hombre y la sociedad. Según él, el hombre es naturalmente bueno, es el animal más generoso de la Creación. En estado natural, sólo aspira al bien, a lo justo, a lo verdadero. La sociedad lo corrompió y lo hizo malo al instituir la propiedad privada y la desigualdad, madres de todos los vicios.

Otra organización de la sociedad, más justa, menos desigual, menos conflictiva, permitiría a los hombres descubrir su verdadera naturaleza, que es buena y generosa, y pondría fin al egoísmo, a la avidez, a la voluntad de poder y dominación, que hoy tienen vía libre.

La derecha, en cambio, profesa una concepción más bien pesimista del hombre. Para una gran parte de ella, el hombre es naturalmente malo, violento, cruel. Es el único ser vivo capaz de hacer el mal por placer y torturar a sus semejantes. "El hombre es un lobo para el hombre", decía el filósofo inglés Thomas Hobbes.

De ahí el gusto de la derecha por la autoridad y su escepticismo en cuanto a la posibilidad de construir una sociedad realmente buena. Según ella, hace falta un poder fuerte y temido para contener las malas inclinaciones de los hombres y frenar al bárbaro, al salvaje o perverso que dormita en cada uno de nosotros.

*Inès: Es divertido...*

—No toda la derecha comparte esta visión negra, como no toda la izquierda profesa hoy la visión rosada de Jean-Jacques Rousseau. En unos y otros fue imponiéndose una visión más matizada, la del hombre "semi ángel, semi bestia": los hombres son capaces de lo mejor y de lo peor. Capaces de sacrificarse por sus semejantes y capaces también de empeñarse en destruirlos. Capaces de hacer tanto el bien como el mal...

*Clémence: Entonces, ¿todos están de acuerdo?*

—La izquierda agrega, con todo: los hombres harán menos el mal en la medida en que hayan sufrido menos privaciones, humillaciones, injusticias, violencias. Serán más proclives a hacer el bien cuanto más libres hayan sido de dar libre curso a su creatividad, a ejercer sus talentos, desarrollar su personalidad, lo que supone cierta organización de la sociedad.

Pero, más allá de los matices que deban introducirse, la visión optimista del hombre caracteriza más bien la manera de ver de la izquierda y la visión pesimista la de la derecha. Aun cuando ese optimismo y ese pesimismo en la actualidad puedan ser más o menos moderados.

*Clémence: ¿Se puede decir que la extrema izquierda tiene una visión muy optimista del hombre y muy pesimista de la sociedad, y la izquierda reformista una visión más bien optimista de ambos?*

—Se podría decir, sí. Pero en realidad, es más complicado todavía, porque estas representaciones muy generales, esos temperamentos se encarnan en lo que hace un rato yo llamé, sin que ustedes reaccionaran, sistemas de valores.

*Inès: No reaccionamos porque no sabemos qué quiere decir.*

## 2. Dos sistemas de valores

—Los valores son ideas, objetivos superiores en los que creemos, a los que estamos muy ligados y por los cuales, en los casos extremos, estamos dispuestos a luchar e incluso a morir. Por ejemplo, la Libertad. Miles de hombres y mujeres han muerto y mueren cada día en el mundo por conquistar su libertad. Vuestro abuelo se alistó a los 20 años en las Fuerzas francesas libres para luchar contra los nazis que ocupaban Francia y reconquistar nuestra libertad. Podría haber hecho como muchos otros jóvenes de su generación: continuar sus estudios, ir detrás de las chicas, divertirse, pero prefirió arriesgar su vida para defender los valores en los que creía. La Libertad, la Independencia nacional: esos son valores. Pero hay muchos otros: la Justicia, la Igualdad, el Progreso, la Democracia...

La izquierda se define, fundamentalmente, por un conjunto de valores que se complementan entre sí...

*Clémence: ¿Por eso hablaste de sistema de valores?*

—Exacto. En el momento de la Revolución francesa y durante todo el siglo XIX, la izquierda y la derecha no tenían los mismos valores. Se oponían en cuanto a los valores. Desde entonces, dejando de lado los extremos de cada bando, se han acercado mucho en ese sentido. Comparten a menudo ciertos valores –no todos–. Pero no los comprenden de la misma manera y tampoco los combinan del mismo modo. Pese a compartir ciertos valores, no comparten las mismas jerarquías y los mismos sistemas de valores.

*Inès: Ya no entiendo nada…*

—Te explicaré lo que son, para mí, los valores, las creencias, los objetivos superiores que definen a la izquierda, para que comprendas lo que quiero decir.

## *Razón, voluntad, progreso*

—La izquierda cree en la "razón humana" y en la "voluntad". Está convencida de que el mundo puede ser conocido por la razón y transformado por la voluntad. Quiere liberar a los hombres de la ignorancia y de la superstición que son, para ella, las causas de muchos males. Al comienzo, en los siglos XVIII y XIX, sobrestimó mucho el poder de la razón y de la voluntad. Creyó que el espíritu humano podía conocerlo todo, y que la voluntad ilustrada por la razón podía dominar y controlar todo. Algunas de sus componentes, sobre todo la extrema izquierda, pecaron por exceso de racionalismo y de voluntarismo. Es lógico, todo movimiento en su juventud es excesivo. Desde entonces, la experiencia le enseñó a conocer los límites de la razón y los de la voluntad. La izquierda ganó en realismo, pero siguió estando convencida de que podemos conocer, comprender y transformar al mundo para hacerlo mejor: más justo, más solidario, más feliz. La izquierda cree en el "progreso": el futuro puede ser mejor que el hoy y ustedes viven mejor de lo que vivían mis padres...

*Inès: Eso no es difícil, pero me gustaría estar segura de que nosotras viviremos tan bien como ustedes...*

—Si siguen trabajando en el colegio, no tengo ninguna duda.

*Clémence: ¿Y la derecha, no cree en la razón, la voluntad, el progreso?*

—La derecha es mucho más escéptica respecto de esos puntos. Hace hincapié con gusto en la debilidad de la razón humana, equiparable, según ella, únicamente a la pretensión. Para una gran parte de la derecha, el hombre es un ser de sinrazón. Su voluntad está más a menudo al servicio de sus pasiones que de su inteligencia.

El principal reproche que hacía la derecha a la Revolución francesa, en 1789, era precisamente su pretensión de construir una sociedad basada en la razón humana y no en la Tradición, o sea, según ella, en el orden necesario pero incomprensible deseado por Dios.

La derecha es mucho más escéptica en cuanto a la capacidad de los hombres de comprender y transformar la sociedad, en cuanto a su capacidad de cambiar en profundidad el rumbo de las cosas. Está convencida de que la acción presuntamente consciente y voluntaria de los hombres siempre es grosera, inadaptada, torpe: que yerra los objetivos que se fija y produce muchos efectos perversos.

*Inès: ¿Qué es un "efecto perverso"?*

—Es una acción que produce un resultado exactamente contrario al buscado por quienes lo decidieron. Por ejemplo, algunos proponen introducir nuevas enseñanzas en el colegio y en el secundario con la idea de que estén ustedes mejor preparados para el mundo moderno: economía, informática, crítica de la televisión, una tercera lengua viva... Pero como no quieren sacar ninguna parte de las viejas materias, los programas se volverían más pesados y desalentarían a la mayoría. Queriendo formarlos mejor, terminaríamos formándolos peor. Eso es un efecto perverso.

## *Derechos del hombre y del ciudadano*

—Hay otro valor rector de la izquierda: los derechos del hombre y del ciudadano...

*Inès: Vas a hablarnos de Bernard Kouchner...*

—De él y de muchos otros.

*Clémence: Nunca entendí por qué siempre se dice "los derechos del hombre y del ciudadano".*

*¿No es lo mismo? ¿Acaso los ciudadanos tienen derechos que los hombres no tienen?*

—No, pero la distinción tiene un sentido: los derechos del hombre, son el conjunto de los "derechos civiles", o sea los que garantizan la seguridad, la dignidad, la libertad de las personas: el derecho de ir adonde queramos, de pensar y decir lo que queremos, de practicar la religión que elijamos, de disfrutar de lo que nos pertenece, de no ser arrestados sin razón por la policía, de no ser maltratados, el derecho a un juicio justo en caso de una indagatoria. Esos derechos apuntan a proteger a los individuos de los gobernantes y los poderosos. Suena muy natural, pero de los 184 países que hoy son miembros de las Naciones Unidas, hay muy pocos –alrededor de cincuenta quizá– donde estos derechos se respetan. Y no sin atropellos: ustedes mismas vieron que la Corte europea de derechos humanos condenó a nuestro propio país el 28 de julio de 1999 por torturas, pues un traficante de drogas, Ahmed Selmouni, había sido duramente maltratado durante varios días por policías de Bobigny que querían "hacerlo hablar". Eso sucedió en 1991, y la justicia francesa analizó la denuncia de ese detenido recién ocho años más tarde, cuando se sometió al Tribunal de Estrasburgo.

*Clémence: También me acuerdo de ese negro que fue golpeado en Los Angeles por tres policías blancos y que un transeúnte filmó con su cámara...*

*Inès: Es como esa mujer marroquí que fue insultada y golpeada a las 4 de la mañana por un agente, cuando volvía de un casamiento y no había hecho nada...*

—Atropellos de ese tipo se producen con suma frecuencia tanto en Estados Unidos como en Francia. La diferencia con muchos otros países, es que para nosotros esos actos de barbarie son delitos, que indignan a la opinión pública y movilizan la justicia. Sus autores en general son castigados, y en algunos casos con dureza. ¿Se acuerdan del caso Dreyfus?

*Inès: Sí, lo aprendimos en clase y vimos la película por televisión.*

*Clémence: Dreyfus, es ese capitán judío acusado erróneamente de dar informaciones al ejército alemán. Unos oficiales habían fabricado "pruebas" para hacer creer que era un traidor.*

*Inès: Lo degradaron frente a todo su regimiento en el patio de Les Invalides y lo enviaron a la isla del Diablo...*

—Pues bien, gracias al llamamiento de intelectuales como Émile Zola y de grandes figuras de la izquierda como Jean Jaurès y Léon Blum, la mitad del país se levantó para pedir justicia por ese hombre en nombre de la verdad y el derecho. La otra mitad no quería que se revisara el proceso. Algunos por antisemitismo, por odio a los judíos, que era muy fuerte en esa época. La mayoría porque la revelación de esa verdad podía, según ellos, llegar a perjudicar al Ejército, la autoridad de la Iglesia y los intereses superiores de la Nación.

Ese enfrentamiento, que duró diez años y que quedó muy marcado en las memorias, pasó a ser el símbolo de la lucha por la justicia, la verdad, los derechos del hombre y el ciudadano en nuestro país, contra la razón de Estado.

*Clémence: Eso no me explica por qué se dice "los derechos del hombre y el ciudadano". ¿Cuál es la diferencia?*

—Los derechos del ciudadano son otra cosa: son el conjunto de los derechos y las "libertades políticas": los que permiten que cada uno participe en las decisiones que tienen que ver con la colectividad, con lo que se denomina el poder: el derecho al voto, la libertad de organización, de petición, de manifestación de prensa... Pero tienes razón en hacer la pregunta: si bien los derechos del hombre y los derechos del ciudadano forman dos categorías distintas, entre ellos se complementan: no hay una verdadera democracia en los países donde se pisotean los derechos del hombre, aunque se organicen elecciones; y, a la inversa, los derechos del hombre se respetan mejor cuanto más democrática es la sociedad que pretende garantizarlos.

*Clémence: No solamente la izquierda defiende los derechos del hombre y el ciudadano, la derecha también. Jacques Chirac lo explicó bien en el momento de la guerra de Kosovo.*

—Tienes razón, pero no siempre fue así. Los conservadores liberales franceses, por ejemplo, durante mucho tiempo fueron hostiles al sufragio universal. Según ellos, sólo podían ser ciudadanos y tener derecho al voto los propietarios y las personas instruidas, las que pagaban un impuesto que se llamaba "impuesto de censo".

Se decía entonces que esos liberales estaban a favor del sufragio censatario. De tal manera que en 1830, sobre 25 millones de franceses, 250.000 solamente podían votar. La batalla por el sufragio universal, o sea por el derecho al voto para todos, hizo furor en toda Europa a lo largo del siglo XIX. Reunió manifestaciones multitudinarias, suscitó huelgas enormes a menudo reprimidas con sangre. Fueron necesarias muchas décadas para conquistarlo.

*Clémence: Tal vez, pero la izquierda luchaba sólo por el derecho a votar de los hombres. Se burlaba de las feministas, que querían dar ese derecho también a las mujeres, llamándolas "sufragistas".*

*Inès: Era sexista...*

—Es cierto, pero desde comienzos del siglo XX reivindicó también el derecho al voto para las mujeres, y por otra parte lo obtuvo ya en 1920 en varios países. En Francia, la Asamblea nacional lo votó varias veces entre las dos guerras, a partir de 1919, pero el Senado conservador se opuso hasta 1945...

*Inès: Nos preguntamos qué haces tú ahí...*

—Trato de reformarlo, pero eso es otra historia.

Todas las otras libertades políticas fueron conquistadas de la misma forma, a costa de largos combates: la libertad de conciencia gracias a las leyes de separación de la Iglesia y el Estado, la libertad de prensa, la libertad sindical, la libertad de reunión, de asociación, las libertades municipales, la escuela laica, gratuita y obligatoria, son obra de los republicanos, durante los treinta años posteriores a su victoria sobre los monárquicos, en 1879.

*Clémence: De acuerdo, pero todo eso es historia antigua. Hoy, y desde hace ya tiempo, la derecha está a favor de las libertades. Fue el general De Gaulle, en 1945, quien dio el derecho al voto a las mujeres. Lo aprendimos en instrucción cívica.*

—El General era un gran hombre, pero en ese caso, no hizo más que aplicar el programa del Consejo nacional de la Resistencia. Y por otra parte, fue en 1936, bajo el gobierno del Frente popular, cuando las mujeres fueron por primera vez ministros.

En cuanto al general De Gaulle, era bastante autoritario y apegado a la tradición. Por eso su reinado de diez años desembocó en el gran levantamiento de 1968: la huelga general más grande de la historia de Francia, cientos de miles de estudiantes universitarios y secundarios manifestándose día y noche, 10 millones de asalariados ocupando las fábricas y las oficinas ¡durante seis semanas! En ese momento, se conquistaron muchos nuevos derechos y nuevas libertades.

*Inès: ¿Por ejemplo?*

—Por ejemplo, el derecho para los asalariados de organizarse en sindicatos dentro de su empresa, pero también muchos derechos económicos y sociales. Aquí tocamos una segunda diferencia entre la izquierda y la derecha cuando se trata de derechos y libertades individuales. Se refiere no a los valores propiamente dichos sino a la manera de llevarlos a los hechos.

## *Derechos reales y derechos formales*

—La izquierda se dio cuenta enseguida de que no bastaba con proclamar los derechos del hombre y del ciudadano, ni tampoco con inscribirlos en la Constitución para que fueran una realidad para todos. También pueden ser para muchos simples proclamaciones, palabras huecas, espejismos.

*Inès: ¿Cómo, espejismos?*

—Un filósofo francés decía que el banquero y el desocupado tienen el mismo derecho de ir a dormir bajo los puentes.

**Clémence:** *Muy gracioso, pero ¿cuál es la relación?*

—Tomen, por ejemplo, a Daniel, nuestro vecino, el padre de Mathieu y Noémie. Perdió su trabajo hace tres años y no encuentra otro, porque, al parecer, es muy viejo. Se le acaban los derechos por su desocupación y solamente cobra el Ingreso Mínimo de Inserción: la ayuda mínima que la izquierda hizo votar hace diez años y que se eleva a 2.500 francos por mes. Tuvo que abandonar nuestro edificio con su familia e ir a instalarse a Pierrefitte, en la periferia bastante alejada. Todo el día busca trabajo y todo el día enfrenta el mismo rechazo. ¿Qué es para él la libertad de opinión, de expresión, de organización?

Tomen a Fedi, el compañero de rugby de su hermano. ¿Qué va a hacer si su club deportivo no lo toma como jugador o por lo menos como entrenador? Con su examen de bachillerato aprobado sin ninguna mención, el barrio donde vive y su "tipo mediterráneo", tardará años en encontrar trabajo. ¿Qué son la libertad, la fraternidad, los derechos humanos, la democracia para él y para las decenas de miles de jóvenes inmigrantes de segunda generación, que están en el mismo berenjenal que él?

*Clémence: Es mejor, con todo, que ser asesinado por los "escuadrones de la muerte" como los chicos de las calles de Brasil, que vimos en* Envoyé spécial. *Por lo menos, él puede tratar de salir adelante.*

—Es cierto, pero debes admitir que es un consuelo muy magro. Para que los derechos del hombre y el ciudadano sean una realidad para todos, según la izquierda, es necesario que cada uno pueda vivir en forma decente y digna de su trabajo, que no haya más desocupados por tiempo prolongado, ni personas sin domicilio fijo, que haya menos changas o trabajo precario. Es necesario que la gente pueda atenderse como corresponde en caso de enfermedad; que tenga para vivir en caso de accidentes o de desempleo; que cobre una jubilación decente al envejecer...

Es necesario que las personas adquieran una cultura general sólida en la escuela, que las haga capaces de estar al día y de reaprender un oficio en caso de necesidad. Es necesario que tengan tiempo para informarse, cultivarse, participar en las decisiones relativas a su futuro.

Todo esto para decirles que, para la izquierda, proclamar derechos y libertades está muy bien, pero no es suficiente. Es necesario que, además, esos derechos se ejerzan realmente, que sean efectivos para todos, incluso para los más desfavorecidos..., hay que darles un contenido concreto.

## *Derechos económicos y derechos sociales*

*Clémence: ¿Y cómo se las arregla la izquierda para dar un contenido concreto a los derechos del hombre y el ciudadano?*

—Agregando a los derechos civiles y políticos, de los que acabo de hablar, derechos económicos y sociales...

*Inès: Podrías dar ejemplos, para mí es chino. ¿Qué son esos derechos económicos y sociales.*

—Por ejemplo, el derecho a la educación –la escuela "laica, gratuita y obligatoria"–.

Eso es un derecho social: el derecho reconocido y garantizado a todos los niños de aprender a leer, a escribir y contar para que sean ciudadanos ilustrados y trabajadores eficaces. De esos derechos, la izquierda y los sindicatos conquistaron muchos otros: el derecho a la jubilación, a la salud, a la seguridad social, a un salario mínimo, a un tiempo máximo de trabajo, a la indemnización por desocupación; el derecho a la vivienda, al ocio, a los transportes, a las vacaciones pagas, a la cultura; el derecho a organizarse en sindicatos y asociaciones, de hacer huelga en caso de desacuerdo con los empleadores. La lista es larga.

*Inès: Sí, nos abrumas.*

—Sólo quería hacerles comprender lo que quiere decir dar un contenido concreto a los principios de Libertad, Igualdad y Fraternidad, crear las condiciones de un verdadero respeto por los derechos humanos y por el buen funcionamiento de la democracia. Estos derechos sociales fueron obtenidos en su mayoría en los momentos en que la izquierda ejercía el poder o estaba cerca de él: en 1936, con el Frente popular y el gobierno de Léon Blum; en 1945, en el momento de la Liberación; en 1968, después de la "revolución de Mayo"; en 1981, en 1988, en 1997…

*Clémence: ¿Por qué? ¿Porque la derecha está contra los derechos económicos y sociales? Para mí, estás volviendo a tener prejuicios. No se me ocurre ningún ejemplo, pero estoy segura de que si abuelo estuviera aquí, te citaría muchos de esos derechos conseguidos con gobiernos de derecha.*

—Tienes razón. Pueden citarse derechos económicos y sociales otorgados por gobiernos de derecha: la cuarta semana de vacaciones pagas, por ejemplo, acordada por el gobierno gaullista de Georges Pompidou, o el derecho a la participación de los asalariados en los resultados de la empresa...

*Clémence: ¡Ah, viste!*

—Depende de los momentos y de qué derecha. Los conservadores liberales, para atenernos a la familia principal, en general se mostraron hostiles al reconocimiento de derechos económicos y sociales. Pues esos derechos tienen un costo elevado y generan aumentos de los impuestos. El derecho a la educación, por ejemplo, exige que se construyan escuelas en todos los barrios, colegios, establecimientos secundarios, universidades, bibliotecas; que se tomen profesores y personal para los comedores y el mantenimiento de los edificios. Todo eso cuesta mucho dinero. El presupuesto de Educación nacional es el primero del país. Supera 360 mil millones de francos. Ese gran servicio público emplea a 1.200.000 funcionarios. Todos los demás derechos sociales que enumeré para gran aburrimiento de Inès...

*Inès: ... ¡Basta, qué vueltero!*

—... implican también gastos para el Estado y el aumento de su rol y su peso en la sociedad.

*Clémence: Pero lo mismo pasa con los otros derechos: por ejemplo, el derecho a la justicia no puede existir si no hay tribunales, cárceles, jueces, policías, todos los que vemos en las series de televisión...*

—Es cierto, pero no es comparable: el presupuesto de justicia es de 27 mil millones de francos por año, el de la escuela 360 mil millones, el de seguridad social 2 billones...

Pero resulta que la derecha liberal está convencida de que cuanto menos Estado, funcionarios, impuestos y reglamentos, mejor funciona la sociedad. Lo escribió Edouard Balladur hace diez años.

*Clémence: Eso no le dio suerte...*

—En un tiempo, los conservadores liberales se opusieron a muchas de las conquistas económicas y sociales que mencioné antes –no todas, hay que reconocerlo, pero sí muchas– antes de resignarse a ellas debido a su popularidad y a que finalmente se convencieron de sus bondades. No les gusta mucho la redistribución de los ingresos, o sea el hecho de quitarles a los más ricos para darles a los más pobres. La izquierda llama a eso la "solidaridad nacional" o "justicia social". La derecha sostiene que esa redistribución les saca a todos las ganas de trabajar: a los más ricos porque piensan que el Estado les quita demasiado y se niegan a ser la vaca lechera del país; a los más pobres porque, según ella, prefieren cobrar "ayudas sociales" antes que trabajar duro por un salario apenas superior a lo que pueden recibir sin hacer nada. La derecha deplora la "sociedad de los asistidos"; la izquierda denuncia la explosión de las desigualdades.

Ahí aparece, sin duda, un punto áspero de la oposición entre la izquierda reformista y la derecha liberal.

## *Igualdad y libertad*

*Clémence: Nuestro profesor de economía nos dijo que la izquierda prefiere la igualdad a la libertad y la derecha, en cambio, la libertad a la igualdad. Según él, ésa sería la diferencia...*

—La izquierda democrática no prefiere la igualdad a la libertad, sencillamente no imagina una sin la otra. En los países donde las desigualdades entre las personas son muy fuertes y van en aumento, como en Brasil, tal como acabas de mencionar, la libertad es sobre todo privilegio de los ricos. No es un bien para todos si no existe un mínimo de igualdad entre las personas. Es cierto que, en un momento, parte de la izquierda, los comunistas, sacrificaron las libertades y la democracia a la idea que tenían de la igualdad. Pero la mayoría de la izquierda europea no estaba para nada de acuerdo, y por eso la izquierda se fragmentó, después de la Revolución rusa de octubre de 1917, en partidos socialistas y partidos comunistas, y se mantuvo profundamente dividida a lo largo de todo el siglo XX, hasta la desaparición de la URSS.

Tu profesor tiene razón sólo en parte: la izquierda autoritaria subordinaba la libertad a la igualdad; la derecha liberal subordina la igualdad a la libertad, y sobre todo a la libertad de emprender, a las libertades económicas. La izquierda democrática pretende hacer avanzar a la par la libertad y la igualdad. No siempre es fácil, lo admito...

*Clémence: ¿No es fácil, por qué?*

—Porque esos dos ideales son en parte complementarios, pero también contradictorios. El progreso de las libertades individuales trae aparejado muchas veces un aumento de las desigualdades.

*Clémence: No veo por qué...*

—Por ejemplo, la libertad de emprender, de contratar asalariados y hacerlos trabajar les permite a los patrones enriquecerse mucho, e incluso es ése, en general, el objetivo de la operación. Aumenta las desigualdades. A la inversa, la lucha por la igualdad puede traducirse en una restricción de las libertades individuales.

*Inès: Sí. Nosotras, por ejemplo, no tenemos derecho a ir al colegio que queremos, debemos ir obligatoriamente al de nuestro distrito.*

—Es un buen ejemplo: esta obligación que les impone la Educación nacional apunta a evitar que los chicos de familias acomodadas se agrupen todos en determinados establecimientos, y los de las familias pobres queden en los otros. Trata de impedir que la Escuela se quiebre en dos: una escuela de ricos y una escuela de pobres. Defiende un principio de igualdad, pero ese afán de igualdad restringe nuestra libertad.

*Inès: Quiero aclararte que yo estoy muy contenta con mi colegio, es genial y no me gustaría cambiarme.*

—Qué suerte. En tu caso, la igualdad y la libertad se llevan bien. Pero no siempre es así.

*Clémence: Y la derecha, ¿no quiere hacer avanzar la libertad y la igualdad juntas?*

—Aquí es donde encontramos sin duda, hoy como ayer, la principal diferencia entre la izquierda y la derecha. La izquierda está muy ligada a todos los valores de la República: libertad, igualdad, solidaridad, derechos humanos, democracia, a los cuales se agregó, hace cien años, la laicidad, y hace veinte, la ecología. Pero, como viene de los medios populares y su vocación es representar y defender "a los de abajo", la izquierda es particularmente sensible al ideal de igualdad. Para ella, es el valor clave, el que da contenido real a todos los demás.

*Clémence: ¿Es lo que nos explicaste hace un momento al hablar de nuestro ex vecino o de Fedi, el amigo de Mathias?*

—Exactamente. Para la derecha liberal, el valor clave, que arrastra a todos los demás, es la libertad de los individuos, sobre todo su libertad de emprender. Relega la igualdad a un segundo plano, cuando no se afirma sencillamente como no igualitaria.

*Clémence: ¿Qué quiere decir, no igualitaria?*

—En su gran mayoría, la derecha considera que los hombres son esencialmente desiguales entre sí y que no sirve de nada ignorarlo o negarlo. La extrema derecha racista piensa que esa desigualdad es natural, que está inscrita en los genes: los negros corren más rápido que los blancos, decía Le Pen durante los Juegos Olímpicos. Daba a entender de esa manera que, por las mismas razones genéticas, los negros piensan con más lentitud.

*Inès: ¡Pero es verdad que corren más rápido!*

—¡Eso quiero verlo! Recuerdo muchos campeones blancos. Se lo preguntaremos a Mathias. En todo caso, no es lo que haría a una "raza" superior o inferior. No hay razas humanas, hay solamente un género humano. Si reciben la misma educación y la misma formación que sus conciudadanos blancos, los negros dan muestras de la misma agilidad mental..

*Clémence: La extrema derecha es racista, pero no la derecha.*

—La derecha liberal no cree en la desigualdad entre las razas, pero cree en la desigualdad entre los individuos, cosa en la que evidentemente tiene razón. Ella piensa que esa desigualdad es, por lo demás, algo excelente: permite que cada uno encuentre su lugar en la sociedad y esté contento con su suerte. Si le piden a Einstein que cuide ovejas, el resultado es un amargado. Si le confían esa tarea al idiota del pueblo, el resultado es un tipo feliz y, además, los animales bien cuidados.

Para cierta derecha, la desigualdad es una suerte y no una tara. Una sociedad de iguales sería una sociedad de frustrados, pues las profesiones y las responsabilidades que tiene para ofrecer a los que viven en su seno son profundamente desiguales.

El filósofo Friedrich Nietzsche le dio carácter oficial a este pensamiento: si las ciudades antiguas hubieran sido igualitarias, escribió, y no esclavistas, las civilizaciones griega y romana no habrían existido...

Esa derecha se adapta perfectamente a las desigualdades. Las encuentra, en general, legítimas –"después de todo, ¿no tiene cada uno lo que merece?"–, positivas; y pide más...

*Inès: ¡Pues yo estoy bastante de acuerdo con lo que dicen! ¡Es verdad que las personas son desiguales y que es mejor! En mi clase, hay alumnos, varones sobre todo, que no entienden nada y que en lo único que piensan es en hacerse los payasos para hacernos reír. Y hay otros que se interesan y quieren trabajar. Hay buenos profesores, que nos dan ganas de aprender, y otros que nos cuesta seguir y que nos dan ganas de hacer lío.*

## ¿Qué igualdad?

—¡Ojo! hay desigualdades y desigualdades. La izquierda no niega que las personas sean diferentes unas de otras y, por ende, desiguales en muchos aspectos. No confunde igualdad con uniformidad, no dice: "Todos deberían ser iguales". Ni siquiera la extrema izquierda dice ya: "Igualdad de todos, en todo, ya mismo". La izquierda no quiere nivelar para abajo.

Considera que hay desigualdades justificadas: las que provienen del mérito, del talento, del trabajo. No la escandaliza por ejemplo que Jamel Debbouze gane mucho dinero y aparezca a menudo por televisión. Al contrario: es la recompensa por sus dones y por los esfuerzos que realizó para pasar de su barrio desheredado de Trappes, donde nació y creció, a la primera línea de las *stars*.

*Clémence: ¡Pero en el fútbol exageran un poco! Hay jugadores de la Selección de Francia que cobran 200 millones de francos por año en clubes extranjeros...*

—No es muy glorioso, pero se trata de grandes campeones que atraen a millones de telespectadores cuando se retransmiten los partidos por televisión. Como el espectáculo son ellos, se llevan una parte de la recaudación que contribuyeron a reunir, y que es considerable.

También hay desigualdades más cuestionables, las que provienen del nacimiento o de los privilegios, las "desigualdades sociales": algunos nacieron en familias acomodadas, que disponen de muchos recursos y conocen a todo el mundo; otros, en familias desfavorecidas o incluso a veces con muchas dificultades. Esos pueden ser igualmente lindos, inteligentes, sensibles, capaces, enérgicos y trabajadores que los hijos de las familias ricas, e incluso más, pero parten en la vida con una desventaja muy grande.

Unos se tomaron solamente la molestia de nacer; los otros tienen siete chances contra diez de verse condenados a una existencia opaca y penosa antes de empezar. Por un Jamel que supera todos los obstáculos, ¿cuántos hay que fracasan? ¿Se acuerdan de aquel lindísimo texto de Saint-Exupéry sobre Mozart asesinado?

*Inès: Sí, ¿cuando está en el tren con todas esas familias de mineros que retornan a Polonia?*

—Exactamente. Él ve, dormido entre sus dos padres, a un niño cuyo rostro respira gracia, inteligencia, fineza, sensibilidad, y que sin embargo está condenado a ser un minero de fondo como su padre y su abuelo, en el Pas-de-Calais. Ese niño podría ser, quién sabe, otro Mozart, piensa Saint-Exupéry, y a ese Mozart lo asesinarán.

Luchar por la igualdad no es alinear a todos con los más desfavorecidos y los más desafortunados para que no haya envidiosos; es esforzarse por reducir, y por qué no, en definitiva eliminar esas desventajas.

*Clémence:* Pero si la izquierda reconoce que hay desigualdades aceptables, justificadas, y otras que no, ¿por qué dices que está más aferrada que los demás al ideal de igualdad?
—Porque, para la izquierda, el grado de igualdad que existe en una sociedad es el que da la medida del grado de libertad individual, de justicia social, solidaridad y democracia que existen realmente en ella. Pero cuando se habla de igualdad, siempre hay que precisar ¿igualdad en qué?, ¿entre quiénes?, ¿en qué aspectos? ¿Igualdad en inteligencia?, ¿en riqueza?, ¿en belleza? No es posible quedarse en la vaguedad. La izquierda está a favor de la igualdad en dignidad, en derechos y en oportunidades, lo cual implica cierto límite a la desigualdad de condiciones.

## *Igualdad en la dignidad, en los derechos, en las oportunidades*

*Inès:* ¿*Igualdad en la dignidad significa no ser racista?*
—No solamente eso. Significa que nadie puede ser considerado inferior en razón, justamente, de su raza o su religión, pero tampoco de su sexo –o más exactamente de su "género", como se dice hoy– o de su origen social... que no hay una inferioridad o una superioridad de nacimiento.

Igualdad en los derechos significa que todos los hombres y todas las mujeres que componen la sociedad deben ser iguales ante la ley y ante el Estado, tener los mismos derechos, más allá de su fortuna, su poder, su prestigio...

*Clémence: Sí, pero eso es un poco tramposo: los grandes empresarios, los políticos, las estrellas del espectáculo están mucho más protegidos que los franceses medios o los inmigrantes, incluso en cualquier situación normal...*

—Es cierto. La igualdad es una idea, podemos acercarnos a ella, pero no podemos alcanzarla totalmente. Y, en el largo plazo, nos acercamos: hoy, en Francia, una gran mayoría de personas se alimentan bien, tienen dónde vivir, atenderse y vestirse decentemente –en todo caso, mucho mejor que hace cincuenta años–, reciben una educación y una formación profesional, tienen radio, televisión, heladera, a menudo un auto, un grabador, un reproductor de música. Los enfermos no están desatendidos, aunque no tengan con qué pagar el hospital. Los desocupados reciben ayuda y se realizan muchos esfuerzos para reinsertarlos en la vida activa. Los pueblos más alejados tienen acceso a los transportes y las comunicaciones. Queda mucho por hacer, pero se han hecho avances considerables: vivimos por primera vez en una sociedad donde la gran mayoría puede satisfacer sus necesidades esenciales y donde el futuro promete ser mejor que el presente. A lo que se refiere sobre todo Clémence es a la igualdad de oportunidades.

*Inès: ¡Pero igualdad no significa que cada uno tenga la misma suerte que el vecino!*

—No te hagas la que no entiendes. La igualdad de oportunidades es la posibilidad ofrecida a cada uno de hacer valer sus méritos y su talento, de acceder a todas las profesiones, aun las más eminentes, gracias a la escuela, a los concursos o a su desempeño profesional dentro de una empresa. Ustedes conocen las *success stories* americanas, donde chicos talentosos arman jugando en el garaje de su papá la primera microcomputadora y se convierten en los hombres más ricos del mundo; o la saga a la francesa, en la que el hijo del maestro, nieto de campesino, entra en la Escuela Normal Superior gracias a una beca y termina siendo presidente de la República. Es la meritocracia republicana.

*Clémence: Es sobre todo un cuento de hadas; nuestro profesor de historia nos enseñó que los hijos de obreros son obreros o empleados y que los de los ejecutivos superiores son ejecutivos o jefes.*

—En parte es cierto. La igualdad de oportunidades también es un ideal al que es posible acercarse pero que no se puede suponer que se alcanzará totalmente.

Pero el ascenso social no es tan infrecuente como dices. Vivimos en sociedades en movimiento. Aparecen nuevos sectores de actividades, nuevas profesiones, que son oportunidades para aprovechar. No es solamente Internet, las nuevas tecnologías, las *start-up*… La prolongación de la escolaridad obligatoria hasta los 18 años, el aumento de la cantidad de estudiantes permiten que los jóvenes se adapten y se reciclen. Hoy, faltan expertos en informática, ingenieros, profesionales de servicios.

*Clémence: La derecha también defiende la igualdad de derechos y la igualdad de oportunidades. Sólo está en contra de la igualdad de ingresos. ¿La diferencia entre la izquierda y la derecha, no sería simplemente que la izquierda quiere que todo el mundo gane más o menos lo mismo, que no haya más ricos y pobres, sino solamente "medios", mientras que la derecha estaría a favor de que cada uno pudiera ganar el dinero que quiere y que puede?*

—La derecha liberal hoy se pronuncia, efectivamente, a favor de la igualdad de derechos y la igualdad de oportunidades. El problema, como ya les mostré, es que se resiste a los medios para alcanzarlas.

La izquierda reformista rompió desde hace tiempo con el igualitarismo nivelador de sus inicios. En la actualidad, admite que son aceptables, como un mal menor, aun las desigualdades que no se basan en el mérito o el talento, siempre y cuando se acompañen de cierto enriquecimiento de los más pobres.

*Clémence: ¿Por ejemplo?*

—Por ejemplo, la escandaliza menos que un empresario gane muchísimo dinero, gracias a sus primas y dividendos, siempre que, gracias en parte a su acción, los asalariados se enriquezcan también, aunque no sea, ni por asomo, en las mismas proporciones. Que un animador de televisión, un campeón de fútbol, una *top model* ganen sumas astronómicas, siempre y cuando el poder adquisitivo de la población en su conjunto mejore de año en año.

Lo que escandaliza a la izquierda, en cambio, es que se produzca lo contrario. En muchos países, los más ricos se enriquecen enormemente, los más pobres se empobrecen y viven cada vez peor. Pese a los avances técnicos y económicos, las desigualdades se agravan. La brecha entre el 5% más rico de la sociedad y el 20% más pobre se agranda.

La derecha, incluso la moderada, se adapta. La izquierda, en cambio, se indigna y trata de frenar e invertir esa evolución.

## *Defensa de la naturaleza y del marco de vida*

Clémence: *¿Se puede decir que defender la naturaleza también es un valor de la izquierda, igual que la igualdad o la solidaridad?*

—Por cierto, y cada vez más, pues las amenazas que pesan sobre la naturaleza y nuestro marco de vida se han agravado mucho: ya vieron las mareas negras por televisión, las gaviotas bañadas en petróleo, los miles de peces muertos flotando panza arriba en los ríos, los bosques saqueados; oyeron hablar de la "tembladera de la oveja", de las "vacas locas", de los pollos alimentados con Dioxina, del "agujero de la capa de ozono"...

*Inès: No, ¿qué es ese agujero?*

*Clémence: Yo lo sé, lo aprendimos en físico-química. Se debe a un gas carbónico que sale de los caños de escape de los autos y de las chimeneas de las fábricas. Ese gas, y otros más, ¡que se encuentran hasta en los desodorantes! suben al cielo y hacen agujeros en la capa que nos protege de ciertos rayos peligrosos que vienen del sol. Por eso la tierra se calienta. Es lo que se llama el efecto invernadero.*

—¡Felicitaciones! Podríamos alargar mucho más la lista. Lo que debe quedar claro es que, por primera vez en la historia del planeta, el hombre adquirió los medios para demoler lo que lo rodea, con él incluido. Rechazar ese peligro es lo más importante que hay.

Defender la naturaleza, la calidad del aire que respiramos, del agua que bebemos, de los alimentos que comemos; la belleza de los paisajes; pensar en los intereses de las generaciones futuras economizando los recursos naturales no renovables, como el petróleo, tal ha sido la preocupación número uno de los "ecologistas", a los que también se llama "verdes". Pero se ha convertido en la preocupación de toda la izquierda e incluso de todo el mundo político.

*Clémence: ¿Se puede decir entonces que defender la naturaleza es un valor común a la izquierda y la derecha?*

—El valor, sí. Pero, en este caso, como suele suceder, las diferencias surgen en cuanto a la manera de llevar ese valor a los hechos, de concretarlo. La izquierda propone todo un conjunto de leyes e impuestos para luchar contra los contaminadores. La derecha liberal es más reticente, en nombre de la defensa de las libertades económicas; en Estados Unidos, inventó un sistema que muestra los límites de su determinación en ese campo: las empresas pueden comprar "derechos a contaminar". Hay una contradicción entre la búsqueda de la ganancia máxima, que defienden los liberales, y la defensa del medio ambiente. Eso se ve perfectamente con las mareas negras: muchos accidentes se deben a los ahorros excesivos que quieren hacer los navieros con los barcos y las tripulaciones…

*Inès: Por la tele vi que justamente, en Estados Unidos, habían impuesto un reglamento mucho más severo que en Francia: si el petrolero es muy viejo o no tiene doble casco para evitar que el petróleo se derrame en caso de accidente, no tiene derecho a entrar en un puerto estadounidense.*

—Tienes razón. En este punto, Estados Unidos está adelantado. La Unión europea adoptará leyes en ese mismo sentido. Pero no debemos olvidar que los países industrializados, y en primer lugar Estados Unidos, son responsables de 70% de la polución mundial, y en particular del efecto invernadero.

*Inès: A un kilómetro hay una estación de servicio. ¿Y si paramos un poco?*

—Lo decidiremos democráticamente, por votación: ¿quién está a favor de parar cinco minutos?

*Inès y Clémence a coro: ¡Yo!*

—La parada se adopta por dos votos contra uno, el del conductor, y cero abstención.

## 3. Ser de izquierda hoy

Después de un buen cuarto de hora, estamos nuevamente en el viejo e incansable Renault. Guiño del destino o pura coincidencia, en RTL Bernard Lavilliers está cantando *On the road again*. Lo dejo como ruido de fondo.

—Dejen de llenarse de chocolate, en una hora almorzamos –les digo a las dos parlanchinas sentadas atrás con el correspondiente cinturón de seguridad–. Antes de seguir adelante, haré una recapitulación...

*Inès: ¿Por qué? ¿No terminamos todavía?*

—En absoluto. Ahora tenemos que entrar más en lo concreto, y sobre todo, decir qué significa ser de izquierda, hoy, en el año 2000. Y además, tal vez tengan preguntas...

*Clémence: Eso sí...*

—Entonces, resumo. La izquierda es, ante todo, una actitud frente a la sociedad, basada en una concepción del hombre. Son de izquierda los que no se resignan a la injusticia, el desatino, la violencia, la barbarie del mundo. Los que ven la responsabilidad de dicha situación en la mala organización de la sociedad, y no en la voluntad divina o la naturaleza de las cosas. Los que pretenden cambiar el mundo mediante la acción colectiva, para hacerlo más conforme a los valores de los que les hablé: libertad, igualdad, solidaridad, razón, derechos humanos, democracia, justicia social, laicidad, defensa de la naturaleza...

La voluntad de vivir esos valores, de concretarlos, se encarna en tres grandes objetivos que, en mi opinión, definen a la izquierda en la actualidad.

*Inès: ¡Bueno, empezamos de nuevo!*
*Clémence: Se viene el túnel...*

—Pero no, se las haré corta. Solamente para que comprendan cómo esos valores, esos ideales, pueden actuar en la realidad y cambiarla.

## *Democracia social*

—El primero de esos objetivos es el advenimiento de una verdadera democracia, de una democracia cabal, una "república social", como decían los dirigentes de la izquierda en 1848.

*Clémence: ¿Qué quiere decir eso concretamente?*

—Significa en primer lugar: terminar con la desocupación, recuperar el pleno empleo, asegurar una verdadera actividad profesional a todos, y no sólo "changas" ocasionales y mal pagas. Garantizar también a cada uno la seguridad, renovando nuestros sistemas de protección y seguro sociales.

Una democracia que tiene todavía 6 millones de pobres, 2 millones de desocupados y otros tantos asalariados con un trabajo precario, que dura nada más que unos meses, es una democracia enferma. Si queremos que las personas se interesen por los asuntos de su comuna, de su región, de su país, y mucho más que se ocupen de sí mismas, tienen que vivir en un ambiente seguro. Si viven, en cambio, temiendo el futuro, se alejan ante todo de las cuestiones públicas...

*Inès: No irán más a votar...*

—Y terminarán por prestar oídos complacientes a los demagogos extremistas. Es así como tenemos un 15% de extrema derecha racista y una extrema izquierda sectaria con 5% de los votos manifestados. Es así como terminamos, y tú Inès, tienes razón, con 60% de abstencionistas en las elecciones europeas.

*Clémence: Hace tres años que la izquierda está en el gobierno y sigue habiendo muchos pobres y desocupados...*

—El gobierno de la izquierda se comprometió a eliminar la desocupación en diez años y adoptó unas veinte medidas –que luego les detallaré, si les interesa– para lograrlo.

Con resultados: se crearon un millón de empleos más desde junio de 1997, nuestro país tiene 800.000 desocupados menos, su número muy pronto volverá a ubicarse por debajo de la línea de los 2 millones. Y no tiene por qué frenarse ahí –salvo que, por supuesto, se produjera una gran crisis bursátil–. Nuestro crecimiento económico es el más fuerte de Europa. Nos permite crear 500.000 empleos más cada año. Podemos, vamos a reconquistar la sociedad de pleno empleo, como ya lo hicieron los holandeses, los suecos, los daneses y, a su modo, más discutible, los ingleses y los americanos.

Profundizar nuestra democracia es también renovar y desarrollar nuestros servicios públicos. ¿Saben qué son los servicios públicos?

*Inès: El Correo, las escuelas...*

*Clémence: Los hospitales, los trenes, los autobuses, la televisión...*

—Es el conjunto de los sectores en los que es indispensable asegurar cierta igualdad entre los ciudadanos: la justicia, la seguridad, la administración por supuesto, pero también la educación, la salud, las comunicaciones, la cultura... Según la izquierda, la existencia de servicios públicos poderosos y eficaces es una condición decisiva para el buen funcionamiento de nuestra democracia. Limita un poco las consecuencias de las crisis económicas y del aumento de las desigualdades. Los hijos de los desocupados pueden ir al colegio, al comedor, al hospital, a la colonia de vacaciones, cuando en realidad no podrían ir si sus padres tuvieran que pagar todo.

Se ha hecho mucho por mejorar y modernizar los servicios públicos. La izquierda implementó, por ejemplo, la Cobertura universal por enfermedad, que garantiza el derecho a atención médica gratuita a millones de franceses desheredados. Comenzó a descentralizar la Educación nacional para que la administración de las escuelas estuviera más cerca de los alumnos...

*Inès: Sí, pero no funcionó. Los profesores estaban furiosos porque los trataban como fósiles, entonces, hicieron manifestaciones...*

—Es verdad. La reforma del Estado no siempre ha sido fácil de realizar, pero es posible –es una cuestión de conocimiento y habilidad– y de todos modos indispensable.

El advenimiento de una democracia cabal pasa también por la reforma de nuestras instituciones. La izquierda desea que los ciudadanos y las ciudadanas no se conformen con votar de vez en cuando, sino que se comprometan de una manera más directa y personal en el manejo de los asuntos públicos; que se asocien más con la toma de decisiones y su realización. Por eso apoya la renovación de las discusiones entre los sindicatos de asalariados y los de empleadores. Por eso también quiere la limitación de la "acumulación de mandatos": el intendente de una gran ciudad debe hacer su trabajo de intendente, no debe ser diputado o senador y mucho menos ministro.

Por eso también quiere reducir la duración de todos los mandatos a 5 años. El de presidente de la República, pero también el de los senadores, que es de 9 años...

*Clémence: ¡…Es mejor que senador vitalicio como Pinochet!*

—Seguro, pero igual es demasiado largo. La izquierda también hizo votar una ley que favorece el acceso de las mujeres a las responsabilidades políticas, para llegar a la "paridad"…

*Clémence: ¿La paridad significa tantas mujeres como hombres en la Asamblea Nacional, en el Senado y en el gobierno?*

—Sí, y también en las intendencias, las regiones…

*Inès: No lo lograrán nunca. A las chicas no les interesan esas cosas…*

—Las escandinavas ya casi llegaron. Y tú misma eres delegada de la clase, ya es un comienzo.

Podría agregar muchas otras medidas, desde la reforma de la justicia hasta el desarrollo de la educación a lo largo de toda la vida. Pero ya me entendieron: lo que quiero mostrarles, es que la izquierda libra su combate bicentenario por el advenimiento de una verdadera democracia: la democracia social…

*Clémence: ¡En ese caso no está sola! ¡La derecha no está a favor de la monarquía o la dictadura!*

—Tienes razón, pero tampoco está verdaderamente a favor de la democracia activa y participativa que propone la izquierda. En esa cuestión se quedó muy atrás. En el caso de la derecha autoritaria porque conserva el culto por el jefe, las elites, la jerarquía. Basta ver cómo están organizados los partidos de derecha: es la cúpula, y no la base, la que designa a los candidatos y los responsables. Y la derecha liberal porque no puede dejar de pensar, en el fondo, que la democracia es "el poder de los incompetentes" y que hay que limitarla al derecho concedido al pueblo de designar y sancionar a sus gobernantes cada 5 y 7 años.

*Inès: ¿Por qué la democracia es "el poder de los incompetentes"?*

—Los conservadores liberales dicen que los problemas se han tornado tan técnicos y complicados, que los ciudadanos de la base no comprenden demasiado y son incapaces de resolverlos.

¿Cómo un simple ciudadano puede saber si hay que parar la producción de electricidad a partir de centrales nucleares y producirla más bien por la vía del gas? –preguntan–. ¿Cómo puede saber si hay que recibir o no a Polonia en la Unión europea, suprimir la tasa sobre la vivienda, autorizar las plantas transgénicas? Miren, en realidad, ya lo decían hace cincuenta años, cuando los problemas eran más simples.

*Clémence: Habías dicho que la izquierda se definía por tres grandes objetivos, ése es uno. ¿Y los otros?*

*Inès: Espero que no te eternices tanto...*

—Si quieres, me callo ya mismo... sobre todo porque no son fáciles de entender...

*Inès: ¡Vaya que eres susceptible! Continúa, te escuchamos. Pero llegamos en un cuarto de hora.*

## *Dominar nuestro futuro colectivo*

—El segundo objetivo es dominar nuestro futuro colectivo, y sobre todo dominar la evolución de nuestra economía. Un gran desorden y una gran incertidumbre reinan en el mundo en este terreno. Las crisis económicas se multiplican, ya vivimos no menos de cinco en los últimos diez años. La última data de 1997 –¿oyeron hablar de los "tigres" y de los nuevos "dragones" del Sudeste asiático?–.

*Inès: No.*

—Son alrededor de doce países de Asia que se destacaron por su desarrollo muy rápido desde hace treinta años y que siempre se citan como ejemplo. En 1997, todos se vieron afectados por una crisis financiera gravísima: la moneda perdió 80% de su valor, la producción se derrumbó, muchas de las empresas y los bancos quebraron, cientos de miles de asalariados perdieron su trabajo. Esta crisis se extendió a Rusia en agosto de 1998, luego a Brasil en el otoño de ese mismo año. Arrojó a miles de familias a la miseria.

*Clémence: Creí que desde 1997, al contrario, la economía marchaba mejor, que creaba nuevos empleos, dijiste hace un rato.*

—En 1997, la economía de los países occidentales se salvó. Pero es cada vez más especulativa…

*Inès: De nuevo, ¿qué quiere decir eso?*

—Cada vez son más las personas que usan sus ahorros para comprar acciones, o sea participaciones en empresas, en Bolsa. Esperan que esa inversión les reporte el 10%, el 15%, el 20% de beneficios por año e incluso más. Como cada vez son más los que quieren comprarlas, el precio de las acciones sube. Algunos se endeudan incluso para comprar más y enriquecerse rápido. Pero un día, se dan cuenta de que esas acciones son demasiado caras y que pueden llegar a bajar mucho. Entonces, las ponen en venta al mismo tiempo, para eludir esa baja, y la cotización de las acciones cae. Es lo que se denomina una crisis bursátil. Pasamos una, hace poco, en abril de 2000, en Estados Unidos y Europa. El valor de las acciones bajó el 30% en las empresas de nuevas tecnologías y 20% las otras.

*Inès: ¿Es por eso que tío Édouard estaba de tan mal humor?*

—Tal vez. Por suerte, no duró mucho y las cotizaciones volvieron a subir. Pero ese contratiempo puede producirse en cualquier momento.

Todo esto para decirles que nuestra economía es como un barco sin timón. Las autoridades económicas internacionales –el Banco Mundial, el Fondo Monetario Internacional, el Banco de Operaciones Internacionales...– juegan a ser los bomberos voladores, pero no es mucho lo que controlan. La economía mundial es un buen ejemplo en el que la libertad de actuar de cada uno puede llegar a desembocar en desórdenes mayores, gravemente perjudiciales para todos. ¡Si lo sabrán los pueblos de los países del Sudeste asiático, los de América Latina y Rusia!

*Inès: ¿Y qué se puede hacer?*

—Mucho. El gobierno francés presentó en septiembre de 1997 a los otros países europeos dieciséis propuestas de reformas. No voy a explicarles todas las propuestas ahora, pues son muy técnicas y no quiero abusar de su paciencia. Pero sí deben saber que todas aspiran a restablecer una capacidad de control y de acción de los gobiernos sobre las finanzas y la economía internacionales.

Asimismo, la construcción de la Unión europea, con su moneda única, el euro, su poderío industrial y comercial, nos da los recursos necesarios para gravitar más en la economía del mundo.

Siguiendo un poco nuestro ejemplo, otros países se organizan por grandes regiones: Estados Unidos, Canadá y México crearon el NAFTA: los países de América Latina el MERCOSUR; los de Asia el ASEAN... Esta organización por continentes facilita la cooperación internacional para un crecimiento estable y fuerte.

*Clémence: ¿Se pueden llegar a eliminar las crisis económicas?*

—Se puede, en todo caso, limitar fuertemente su amplitud y reducir su frecuencia.

Pero para ello hay que definir nuevas normas de funcionamiento de la economía y establecer autoridades internacionales capaces de hacerlas aplicar.

*Clémence: A propósito del futuro, ayer vi una película de ciencia ficción americana que me dio escalofríos. Se llama "Gattaca". La historia transcurre en 2050, o más o menos, en una sociedad donde la gente de la clase superior puede fabricar a su hijo en laboratorio. Los médicos pueden actuar sobre el embrión del bebé para responder a la demanda de los padres: pueden decidir si será varón o mujer, pero también elegir el color de los ojos y el pelo, por ejemplo, el nivel de inteligencia, de memoria... Así se selecciona una casta de superhombres y supermujeres, a quienes están reservadas las profesiones y las responsabilidades superiores de la sociedad. Los que fueron concebidos naturalmente, en "forma aleatoria", como dicen en la película, son considerados seres inferiores y puestos al servicio de la elite. A partir de un pelo, de una uña, de una gota de sangre o de saliva, se puede obtener la identidad completa de cada uno...*

—La revolución científica y técnica que estamos viviendo plantea efectivamente de manera muy aguda y novedosa, tienes razón, la cuestión del dominio de nuestro futuro colectivo.

La computadora que les compramos hace apenas tres años ya está lista para la chatarra. Las que se venden ahora son cien veces más poderosas, ofrecen diez veces más posibilidades y son cuatro veces más baratas. Ustedes vieron la invasión del teléfono celular, los avances rapidísimos de Internet, la proliferación de los canales de televisión.

Es verdad que los avances de la biología son más impresionantes todavía. Hoy se puede actuar sobre los genes y los embriones y por lo tanto modificar los caracteres de las especies y de los individuos. Por el momento, se hace para crear especies animales y vegetales más resistentes, como el maíz transgénico, para aislar y reemplazar genes responsables de enfermedades hereditarias, como la mucovicidosis o la hemofilia...

*Clémence: Ya se producen clones de ratas o de ovejas en laboratorio. Muy pronto se podrán producir clones de seres humanos.*

*Inès: ¿Qué es un clon?*

*Clémence: Es un ser vivo fabricado a partir de una célula de otro ser vivo y por lo tanto exactamente igual a él en todo.*

—Esta revolución científica que estamos viviendo puede producir lo peor y lo mejor.

De lo peor, la película que mencionas da un panorama: los recursos informáticos y biológicos darán –¡ya dan!– posibilidades de control sin precedente de los individuos. A veces, es una suerte. Gracias a teléfonos celulares pudieron hallarse y salvarse alpinistas. Otras veces, es aterrador: son innumerables las empresas que ya conocen al detalle los hechos y gestos de sus asalariados gracias al "soplón electrónico", incorporado a su terminal de computadora.

Lo peor, son también las manipulaciones genéticas y "el mundo feliz" que se perfila a su paso. Leyeron el libro de Aldous Huxley...

*Clémence: Él anunció todo, era un visionario, como Julio Verne.*

—No necesariamente. Lo mejor es siempre improbable, pero lo peor nunca es seguro. Las nuevas tecnologías serán lo que hagamos de ellas. Pueden constituir un instrumento magnífico al servicio del progreso social, la cultura, la democracia.

También pueden ser medios temibles de sometimiento y explotación del hombre por el hombre. La izquierda quiere movilizarlos al servicio de sus valores y sus grandes objetivos. Lo que implica que nuestras democracias sepan dominar estas nuevas tecnologías y no se dejen someter por ellas.

*Clémence: Y tu tercer objetivo, antes de que lleguemos...*

*Inès: ¡Sí, no tenemos tiempo, ya vi el mar!*

## Humanizar la sociedad, civilizar la humanidad

—El tercer objetivo es la humanización de la sociedad.

Los progresos económicos y tecnológicos de los que hablamos vuelven a plantear con fuerza el interrogante: ¿en qué sociedad queremos vivir? ¿Cuál es el sentido de toda esta agitación? ¿Qué es lo realmente importante? ¿Qué es una vida buena, como decían los Antiguos, qué es una buena sociedad?

También en esto se da la divergencia izquierda/derecha.

Para la izquierda, la buena sociedad no es la que se fija como objetivo producir y consumir cada vez más mercaderías y servicios. La buena sociedad es la que se fija como objetivo el desarrollo de los individuos que la componen. Karl Marx fue quien lo enunció de la manera más impactante: "Lo que deseamos —escribió— es una sociedad donde el libre desarrollo de cada uno sea la condición de la plena expansión de todos". Para la izquierda, la ciencia, la técnica, la economía deben estar al servicio del desarrollo humano. Sus avances deben desembocar en más justicia social, democracia, tiempo libre, cultura.

*Clémence: No veo quién podría estar en contra de eso...*

—Y sin embargo, el país que está a la vanguardia en el desarrollo de las nuevas tecnologías, el más dinámico a nivel económico —me refiero a Estados Unidos— es también el país donde las desigualdades son más marcadas, y por otra parte aumentan. Ralph Nader, el candidato de los Verdes americanos en las elecciones presidenciales, reveló hace poco que el patrimonio de Bill Gates, el dueño de Microsoft, equivale al de los 120 millones de americanos más pobres juntos. Es el país donde el tiempo de trabajo, en vez de disminuir gracias al progreso técnico, se prolonga, como lo muestra una reciente encuesta de la OCDE. ¿Saben cuánto tiempo de vacaciones pagas tienen los asalariados americanos?

*Inès: ¿Cinco semanas?*

—Quince días. Y la duración media de su semana de trabajo aumentó en veinte años.

El poder adquisitivo de los asalariados americanos de nivel más bajo está estancado desde hace veinticinco años e incluso retrocede para el 20% menos calificado, en tanto que el país se enriqueció de una manera fabulosa. Hay 2 millones de adultos en las cárceles y hay 6 millones bajo control judicial. Diez veces más que en Francia, en relación con la población. En Gran Bretaña también, al otro lado de la Mancha, el horario de trabajo es muy largo, pese a la revolución informática, y hay 12 millones de pobres.

*Clémence: Vi un documental inglés por televisión, cuyo título es* Los ojos de un niño, *donde muestran que en Gran Bretaña 4 millones de chicos –1 de cada 5– viven en la indigencia.*

*Inès: En Francia también hay muchos pobres: dijiste que había 6 millones…*

—Sí, y es insoportable. Una sociedad que se enriquece constantemente no debe permitir que una parte de sí misma se empobrezca. Todo esto para mostrarles que el progreso técnico y el progreso social no necesariamente van de la mano; el segundo no es consecuencia automática del primero. Para que sea así, hace falta una voluntad popular que se afirme e imponga medidas correctivas.

*Inès: ¿Qué medidas?*

—Ya cité varias: la redistribución de las riquezas por medio del impuesto; servicios públicos y equipamientos colectivos de calidad; un sistema de protección eficaz...

*Inès: Sí, sí, ya hablamos de eso...*

—La medida más simbólica, quizá, de esta voluntad de la izquierda de poner el progreso técnico al servicio de los hombres y las mujeres, de su libertad, de su desarrollo y su realización personales, es su acción constante en pro de la reducción del tiempo de trabajo.

A Pierre Mauroy le gusta recordar que, cuando los asalariados franceses toman sus cinco semanas de vacaciones, deben las dos primeras, adquiridas en 1936, al socialista Léon Blum; la tercera, ganada en 1956, al socialista Guy Mollet; la cuarta, obtenida en 1964, al gaullista Georges Pompidou; y la quinta, conquistada en 1982, al socialista Pierre Mauroy. ¡Cuatro semanas de cinco! Hoy, la izquierda continúa esa acción con la ley sobre la reducción del horario de trabajo a 35 horas y el objetivo de la semana de 4 días.

*Clémence: Muchos de tus amigos dicen –¡yo los he oído!– que la ley sobre las 35 horas no creará empleos, o tan pocos que no valían la pena tantas complicaciones...*

—Esa ley ya creó o preservó 200.000, según estudios dignos de confianza. No es poca cosa, aunque podemos pensar que no es mucho en relación con el millón de empleos adicionales creados desde hace tres años por la vuelta al crecimiento. Pero tal vez lo más importante no sea eso...

*Clémence: Ah bueno, ¿lo más importante no es reducir la desocupación?*

## *La civilización del tiempo liberado*

—La reducción del tiempo de trabajo es una medida, entre muchas otras, para bajar la desocupación. Se inscribe también en otro objetivo: un proyecto de sociedad. La nueva revolución tecnológica permite la realización del "gran vuelco"...

*Inès: ¿O sea?*

—Durante milenios y hasta nuestros días, prevaleció la vieja maldición bíblica: "Ganarás el pan con el sudor de tu frente". Su versión laica es: "Ganándote el pan perderás la vida". La inmensa mayoría de la población dedicaba su existencia al trabajo. ¿Conocen la etimología de la palabra "trabajo"?

*Inès: No.*

—Es *tripalium*, que en latín designaba un instrumento de tortura. Solamente unas minorías estaban dispensadas del trabajo productivo y podían dedicarse a las actividades consideradas más nobles: la cultura, el ocio, la política, las artes, la religión, la guerra...

Hoy existen las condiciones para una sociedad en la que cada uno disponga de más tiempo libre que de tiempo obligado. El tiempo libre es el tiempo que se consagra a las actividades que elegimos. El tiempo obligado es el que se dedica al trabajo rutinario, repetitivo, fastidioso, agotador, a cambio de un salario. La izquierda quiere el advenimiento de una "sociedad del tiempo liberado", donde cada uno tenga más tiempo libre...

*Clémence: Me causas gracia; ¡tú trabajas todo el tiempo! ¿Por qué quieres impedirles a aquellos a los que como a ti les gusta el trabajo que trabajen todo lo que quieran?*

—¡Cuidado! Hay trabajo y trabajo. Haciendo este libro con ustedes, yo no trabajo, me divierto. Me entrego a una pasión, que tengo desde siempre: la pasión de comprender y convencer. Igual que el investigador en su laboratorio, el pintor en su taller, el director de cine en su rodaje o el ministro en el ejercicio de sus funciones. ¿Qué tienen en común esas actividades y la de la cajera del supermercado, el obrero en la línea de montaje o el empleado de una central telefónica? Hay que distinguir entre trabajo de creación, trabajo de mando y trabajo de ejecución.

*Clémence: ¿No estarás denigrando a los que tienen un oficio manual o que hacen un trabajo simple, pero útil a la sociedad, como atender el teléfono?*

—¡En absoluto! No desconozco el valor del trabajo, ni siquiera el más fastidioso: es la condición de la independencia económica de los individuos, pero también de su dignidad, su reconocimiento como miembro pleno de la sociedad. Entre el trabajo de creación, de mando y de ejecución, que acabo de mencionar, hay muchas situaciones intermedias. ¿Dónde clasificar, por ejemplo, a los técnicos, los profesores, las enfermeras, todo los que prestan servicios a las personas?

Eso no quita que la distinción entre las actividades elegidas libremente y las que se aceptan por un salario, "porque hay que vivir", resulta pertinente.

*Inès: Entonces, ¿la ley de las 35 horas no afecta, si entendí bien, a los artistas, los investigadores, los grandes chefs, sino a los que tú llamas los asalariados de ejecución?*

—Olvida esa palabra, si te resulta despectiva.

La izquierda desea la reducción del tiempo de trabajo para que esos hombres y mujeres puedan consagrar una parte de su tiempo y de sus fuerzas a lo que tienen de mejor en sí mismos: a la cultura, al ocio, al arte, a la formación, al estudio, a la acción asociativa, sindical, política... a los amigos, a los hijos, al amor. Se produciría entonces un enorme auge de la creatividad individual y colectiva, y un salto adelante sin precedente de la civilización. La base tecnológica y económica de ese viejo mito de la humanidad –liberar al hombre del trabajo– que ya expuso cinco siglos antes de Cristo el filósofo griego Aristóteles, ya existe en los países industrializados. Eso es lo que yo llamo el "gran vuelco".

*Clémence: ¿No es un poco una idea de intelectual o de privilegiado? Oí por radio la historia de una pareja de empleados que empezaron a ponerse nerviosos cuando se jubilaron. Mientras los dos trabajaban y se veían a la noche, todo anduvo bien. Pero en cuanto empezaron a estar cara a cara todo el día, sin saber qué hacer, se pudrió todo. Para aprovechar el tiempo libre hay que tener recursos: ingresos para viajar, comprar CD-Roms, ir a ver espectáculos... también hay que tener un buen nivel cultural para sentir gusto por la lectura, por la música, por dirigir asociaciones... Si no, uno se desploma frente al televisor y se deprime... o toma, en negro, un segundo trabajo.*

—Conozco muchos jubilados en Seine-Maritime, e incluso gente que todavía no se jubiló, que no tienen más que el certificado de estudios y que saben ocupar perfectamente su tiempo. Pero, en líneas generales, tu observación es acertada. No basta con reducir el tiempo de trabajo obligado y aumentar el tiempo libre. Debe existir además una oferta de actividades para gozar plenamente de ese tiempo libre y es necesario un apetito, un gusto de hombres y mujeres por esas actividades.

En cuanto a la oferta, no me preocupa demasiado: ya existe y seguramente seguirá desarrollándose. La industria produce bienes que exigen cada vez más tiempo para utilizarlos. ¿De qué sirve tener cien canales de televisión, un grabador, una computadora conectada con Internet, un equipo de alta fidelidad, una cámara de video... si no se dispone del tiempo necesario para usarlos?

Esto se da aún más con los innumerables servicios propuestos a las personas, desde las "vacaciones para la tercera edad" hasta los viajes al exterior, pasando por cursos de rock acrobático...

*Inès: Pero para comprar todo lo que dices, o la mitad incluso, hay que tener bastante dinero ahorrado. Clémence tiene razón.*

—Es cierto. Por eso la reducción del tiempo de trabajo no debe traducirse en una disminución o incluso un estancamiento de los sueldos. Y además el precio de todos esos bienes está llamado a bajar. La oferta pública, o mixta, también está llamada a desarrollarse con el auge de la educación permanente, la educación a distancia, "la escuela para toda la vida", y también la multiplicación de las actividades culturales. ¿Qué ciudad no tiene a esta altura su sala polivalente, sus coloquios, su festival? En cuanto al sector asociativo, está proliferando: 700.000 asociaciones proponen sus servicios y siguen creándose más.

La prolongación de la escolaridad, la generalización de la enseñanza superior, el desarrollo de la educación permanente y el aumento del nivel cultural favorecerán la utilización inteligente del tiempo libre que derivarán de la reorganización y la reducción del tiempo de trabajo.

## *De un conflicto a otro*

*Inès: Nuestro profesor de educación cívica nos dijo que las ideas de izquierda y derecha estaban totalmente superadas. Que tenían un sentido antes, pero ya no lo tienen, que no hay verdaderas diferencias.*

—Sí, es una idea muy difundida, pero creo que es falsa. Hace quince años que oigo decir que entre la izquierda reformista y la derecha liberal realmente no hay ninguna diferencia, salvo en los discursos y que las ideas de izquierda y derecha ya no sirven para nada. Sin embargo, compruebo que todo el mundo sigue usándolas todos los días. Tal vez sea porque conservan cierta pertinencia y una utilidad. En el Parlamento, la izquierda y la derecha se oponen respecto de la mayoría de las reformas y votan casi siempre en sentido contrario.

*Inès: ¿Por ejemplo?*

—Por ejemplo, la izquierda votó a favor de la ley sobre la reducción del tiempo de trabajo, de la que recién hablamos; la derecha votó en contra. Lo mismo con respecto a los "empleos-jóvenes", al PACS –la posibilidad que se da a todas las parejas, incluidas las parejas homosexuales, de gozar de ciertos derechos que tienen las parejas casadas–, al derecho a votar en las elecciones locales a los extranjeros radicados desde hace tiempo en nuestro país, a la no acumulación de mandatos… la lista es larga.

*Clémence: ¿No podría decirse que sigue habiendo diferencias pero que son menos fuertes que antes?*

—Sin duda, al menos en lo que se refiere a la derecha moderada y la izquierda reformista. En un siglo y medio nuestra sociedad se transformó mucho. Fueron satisfechos la mayoría de los reclamos de la izquierda republicana, así como una gran cantidad de reclamos de la izquierda socialista. Ésta, a su vez, renunció a eliminar la propiedad privada y reconoció los méritos de la economía de mercado, sin olvidar de todos modos sus límites. Muchos conflictos que desgarraban a nuestra sociedad fueron arreglados y desaparecieron o se atenuaron considerablemente.

*Inès: ¿Entonces, mi profesor tiene razón?*

—No, pues surgieron otros desacuerdos: sobre el papel del Estado en la vida económica y social, sobre los servicios públicos, el derecho al trabajo, la redistribución de los ingresos, la libertad de costumbres, el tiempo de trabajo –ya lo hablamos–, la defensa del medio ambiente, la preservación de la naturaleza. La oposición entre la izquierda y la derecha se desplazó, adoptó otras formas, menos agudas en la medida en que el crecimiento permite suavizar las asperezas, pero que podrían endurecerse fácilmente si la situación económica volviera a deteriorarse.

*Clémence: ¡Admitirás que no es fácil de entender!*

—La dificultad de la cuestión está en que la izquierda y la derecha no son realidades estáticas, que puedan describirse de una vez para siempre. Son realidades móviles, posiciones en un mundo a la vez cambiante.

Un hombre de derecha y orgulloso de serlo como Alain Madelin habría parecido un hombre de izquierda en 1848, hace ciento cincuenta años. Lo mismo Jacques Chirac, a quien ustedes ven todos los días en *Guignols de l'info*. A la inversa, hombres de izquierda en 1848, como Lamartine o Victor Hugo, pasarían hoy por hombres de centro derecha.

El que da la clave para todo esto es sin duda el gran Tocqueville, a quien la izquierda, erróneamente, desconoció durante mucho tiempo. A los 25 años, este aristócrata, profundamente apegado a los valores y el arte de vivir de la nobleza francesa, hizo un largo viaje de estudios a América del Norte. Volvió convencido de que el avance hacia la igualdad y la democracia era la fuerza motriz de los estados modernos. El problema de esas sociedades era, según él, impedir que ese avance hacia la igualdad no cayera en los excesos del igualitarismo, que no diera origen a regímenes autoritarios donde los "más numerosos" impusieran su ley a los "mejores". Tocqueville se consideraba a sí mismo parte de los mejores, y ese hecho no lo entusiasmaba en lo absoluto. Más bien se le había impuesto con la fuerza de la evidencia. El consejo que daba a las elites dirigentes era que no se opusieran a los avances de la democracia, pues eran irresistibles, pero que se defendieran contra sus posibles corrupciones: la dictadura de la mayoría.

*Clémence: Es muy interesante, pero ¿por qué de golpe nos hablas de ese buen señor?*

—Su forma de ver aporta, en mi opinión, la mejor definición posible de la izquierda (y de la derecha).

La izquierda es la fuerza que expresa el movimiento histórico en acción en las sociedades modernas hacia una igualdad y una democracia cada vez mayores. No sin caer en los excesos, las desviaciones, las corrupciones del ideal democrático intuidos por Tocqueville. No debemos olvidar nunca que una de sus familias, la izquierda comunista, engendró el primer totalitarismo moderno.

*Inès: ¿Qué es el totalitarismo?*

—Es una dictadura sin igual y sin precedente: todos los medios modernos de la dominación puestos al servicio de un país y de su jefe. La izquierda comunista se recuperó de sus extravíos, la izquierda republicana y socialdemócrata nunca cayó en ellos. La izquierda es el movimiento que en todo momento trata de realizar el máximo de democracia de que una sociedad es capaz (y a veces un poco –o incluso mucho– más).

La derecha es el movimiento que muchas veces temió y combatió los avances democráticos, en ciertos casos con justa razón...

La izquierda es la generadora de la democracia: la fuerza siempre preocupada por los ataques que se le pueden infligir; siempre dispuesta a movilizarse para defenderla; siempre ansiosa por consolidarla; siempre deseosa de ampliarla y profundizarla.

La derecha es la fuerza que teme las consecuencias de ese impulso igualitario para las libertades, la autonomía de los individuos (y no solamente para los privilegios, las posiciones de los que tienen). Y que, en consecuencia, se preocupa por defender esas libertades individuales de las limitaciones impuestas por el movimiento tendiente siempre hacia una mayor igualdad efectiva.

*Inès: ¿Tocqueville es un apellido normando?*

—Es imposible ocultarte algo. Era de Verneuil, en Eure, no muy lejos de aquí.

*Inès: ¡Pues hurra por los normandos y la Normandía! Ahora vamos a encontrarnos con nuestras amigas y a bañarnos.*

—Eso es. ¡Después del esfuerzo, a gratificarse!

*Clémence: Dime papá, ¿qué es el socialismo?*

—¡Ya lo veremos en otro viaje!

# Índice

1. Trabajos preliminares .................. 9
   Dos actitudes frente a la sociedad ........ 13
   Tres izquierdas, tres derechas ........... 17
   Privilegiados y desfavorecidos ........... 23
   Dos visiones del hombre y de la sociedad .. 26

2. Dos sistemas de valores ................ 31
   Razón, voluntad, progreso .............. 32
   Derechos del hombre y del ciudadano ..... 34
   Derechos reales y derechos formales ...... 40
   Derechos económicos y derechos sociales .. 42
   Igualdad y libertad ................... 46
   ¿Qué igualdad? ...................... 51
   Igualdad en la dignidad, en los derechos,
      en las oportunidades ................ 53
   Defensa de la naturaleza y del marco de vida .. 57

3. Ser de izquierda hoy .................. 61
   Democracia social. .................... 62
   Dominar nuestro futuro colectivo ........ 68
   Humanizar la sociedad, civilizar la
      humanidad ........................ 73
   La civilización del tiempo liberado ....... 77
   De un conflicto a otro ................. 82

Se terminó de imprimir
en el mes de abril de 2001
en los Talleres Gráficos Nuevo Offset
Viel 1444, Capital Federal
Se tiraron 2.000 ejemplares.

www.ingramcontent.com/pod-product-compliance
Lightning Source LLC
Chambersburg PA
CBHW020509030426
42337CB00011B/303